AF497364

BOTANIQUE

RÉSUMÉ D'UN MÉMOIRE

SUR LES

ÉLÉMENTS CORTICAUX

PAR

M. VICTOR ÉTIENNE

PARIS

IMPRIMÉ PAR CHARLES NOBLET

18, RUE SOUFFLOT, 18

1865

RÉSUMÉ D'UN MÉMOIRE

SUR LES

ÉLÉMENTS CORTICAUX

I

Toute tige n'est à son début qu'un amas cellulaire sensiblement homogène.

Un tissu plus dense se forme ensuite à l'extérieur, et constitue la jeune écorce.

Mais cette écorce n'est pas une enveloppe d'une seule pièce. Elle résulte de l'assemblage d'un grand nombre de pièces ou d'éléments constitutifs distincts.

Chacun de ces éléments n'est autre qu'un organe particulier, ayant les plus grands rapports avec la feuille et destiné à produire la feuille.

Ces organes naissent appliqués sur la tige comme des écailles adhérentes. Mais ils s'en détachent dans le haut et se continuent librement sous la forme de feuilles. La feuille n'est donc pas autre chose que le prolongement de l'une des écailles corticales qui enserrent la tige.

Ou, si l'on veut, la feuille, avant de se rendre indépendante, est demeurée fixée à la tige par une base d'une étendue très-appréciable; et pendant cette période de préparation, elle a constitué un organe qui, par les conditions toutes spéciales où il se trouve placé, peut être regardé comme un organe d'un nouveau genre.

Ces organes sont toujours en nombre suffisant pour recouvrir l'axe tout entier, et la jeune écorce est exclusivement formée par eux. De là, leur dénomination *d'éléments corticaux*.

La jeune plante est donc composée de deux systèmes bien tranchés : un système interne et primordial, qui est *la tige proprement dite ou l'axe;* un système extérieur, résultant de la réunion d'un certain nombre d'organes particuliers appliqués contre cet axe et se terminant en feuilles : c'est *l'enveloppe corticale.*

Il n'est question, bien entendu, que de la jeune plante, car les progrès de la végétation introduisent dans chacun de ces systèmes, dans l'écorce notamment, des modifications tellement graves qu'elles changent du tout au tout l'état de choses primitif.

II

L'existence de ces organes nouveaux est démontrée par l'inspection directe d'un grand nombre de jeunes tiges. L'écorce, loin de s'y montrer comme un tissu uniforme, laisse voir à l'extérieur de nombreuses stries ou divisions longitudinales, qui se continuent invariablement avec les bords de la feuille (lilas, fusain, pervenche, cerisier, laurier-cerise, etc.).

Ces divisions correspondent souvent à des dépressions brusques dans le niveau du tissu, et laissent voir ainsi le profil ou le bord de ces organes hypothétiques (orchis à deux feuilles, pulmonaire, if commun).

D'autres fois, les bords des organes sont armés de nervures vigoureuses, qui les font mieux ressortir en les encadrant (ronce, peuplier de la Caroline, robinier faux acacia).

Les bords font même quelquefois saillie à l'extérieur, sous la forme d'expansions ou d'ailes de consistance plus ou moins foliacée, et circonscrivent ainsi d'une manière bien nette un corps distinct, qui n'est autre que l'organe élémentaire, précurseur de la feuille (buis, jasmin cytise, violette tricolore; — gesse à grandes feuilles, genêt sagitté; — onoporde à feuilles d'acanthe, chardons),

Chez d'autres plantes, l'organe de l'écorce trahit son individualité d'une manière plus décisive encore, car sa masse tout entière s'arrondit sous la forme d'une gibbosité qui se termine par une feuille (stapélie panachée, cierge cylindrique.

Enfin, ces éléments multiples peuvent être isolés l'un après l'autre, dans la sapinette, et l'on peut les suivre sans aucune peine de l'une à l'autre extrémité, même sous la masse de ceux qui les recouvrent.

Tous ces faits et bien d'autres mettent hors de doute la présence sur l'axe de corps nombreux et distincts, qui, en se pressant et se soudant autour de cet axe, lui composent cette enveloppe réputée homogène, qui est la jeune écorce.

Si les lignes de division ou *sutures* ne sont pas toujours très-sensibles, cela tient à ce que ces organes multiples se sont fondus de bonne heure les uns dans les autres; mais en observant sur de très-jeunes sujets,

on retrouve presque toujours des traces de cette multiplicité originelle.

Il est d'ailleurs à remarquer que ces petits corps
écailleux ne sont pas simplement juxtaposés ; ils em-
piètent les uns sur les autres par leurs bords ; en
d'autres termes, ils sont *imbriqués*. Mais l'étendue de
l'imbrication varie considérablement avec les espèces.

III

Les éléments corticaux se succèdent bout à bout, le
long de la tige : là où l'un finit l'autre commence.
Ils forment ainsi des rangées longitudinales continues
(voir le buis, le jasmin cytise, le genêt à balai, le réséda à grand calice).

Il existe plusieurs de ces rangées ou séries autour
d'une même tige. Mais la continuité des organes d'une
même série n'est pas toujours appréciable pour les
yeux : l'imbrication cache souvent la partie inférieure
de ces organes ; et deux éléments sériaux consécutifs
peuvent paraître isolés, bien qu'ils se succèdent d'une
manière immédiate (grande marguerite, peuplier de la
Caroline, cerisier, aubépine).

Le nombre des séries, variable avec les espèces et les
individus, est néanmoins réglé par des chiffres im-
muables, qui sont les suivants : 2, 3, 5, 8, 13, 21,
34, etc.

Il en résulte qu'une section transversale de la tige
rencontre, selon les cas, 2, 3, 5, 8, 13, 21, 34 organes
élémentaires, disposés en *groupes* ou *faisceaux* circu-
laires de pareils nombres d'individus.

Mais ces divers individus ne se terminent pas à la même hauteur : ils alternent un à un par leurs extrémités.

Placés à des hauteurs différentes, ils rentrent néanmoins les uns dans les autres sur partie de leur longueur : l'alternance des pièces est donc inséparable de leur encastrement.

Dans les plantes décussées ou verticillées, le nombre des séries est de 4, 6, 8, etc. L'alternance et l'encastrement s'y retrouvent encore ; seulement, la moitié des pièces du faisceau alterne et s'encastre avec celles de l'autre moitié.

Dans tous les cas, les extrémités de ces organes ou les feuilles trahissent, par leur disposition relative, l'arrangement des organes eux-mêmes. Et tel est le fondement des lois de la phyllotaxie.

Si donc les divers cycles foliacés des plantes alternes sont représentés par les chiffres 2, 3, 5, 8, 13, 21, 34, c'est que les organes corticaux dont émanent les feuilles se trouvent disposés autour de l'axe, en groupes de pareils nombres d'individus.

Le *cycle* correspond donc au *groupe* ; et par ce dernier mot de même que par le premier, nous entendrons le plus souvent d'une manière abstraite le système phyllotaxique lui-même, c'est-à-dire le mode ou l'arrangement affecté par les organes dans les divers cas qui peuvent se présenter.

IV

De ce que les organes élémentaires s'encastrent sans cesser d'alterner, il suit que chacun d'eux doit avoir

une longueur supérieure à celle du simple entre-
nœuds ; et il en est ainsi, en effet : un organe mesure
autant d'entre-nœuds qu'il y a de pièces dans le faisceau.

Par suite encore, tous les organes d'un groupe mesurent le même nombre d'entre-nœuds : en d'autres
termes, ils sont semblables.

Mais il n'en est pas de même des organes du *faisceau
fondamental*, c'est-à-dire de ceux dont le pied touche
à la base du rameau. Ces organes, partis tous du même
point, se terminent pourtant à des hauteurs différentes : ils font exception à la loi d'égalité qui régit
tous les autres.

Et, fait remarquable, leur inégalité est calculée de
telle façon que le second est en général double du premier, le troisième triple, le quatrième quadruple, et
ainsi de suite.

En sorte que l'inégalité des organes ne fait nulle-
ment obstacle à l'égalité des entre-nœuds.

V

Cette gradation si surprenante des éléments fondamentaux porte à penser que ces organes n'ont pas été
tels dès le principe ; mais que, parfaitement semblables dans l'origine, ils se sont ensuite accrus d'une
manière inégale, par l'effet de circonstances qu'il reste
à expliquer.

Il est d'abord de simple bon sens que les organes
n'ont pas acquis du premier coup les proportions sous
lesquelles ils se présentent.

Mais leur accroissement paraît avoir suivi une marche inverse de celle qu'il était naturel de supposer tout d'abord.

Nés *l'un après l'autre et l'un au-dessus de l'autre* (ce qui a créé leur alternance), chacun d'eux a constitué ainsi un entre-nœuds différent.

Plus tard ils se sont allongés *par en bas*, en se glissant dans les joints des organes inférieurs.

L'encastrement des pièces n'aurait pas d'autre origine.

Sur leur chemin, ils ont rencontré les têtes d'autres organes, et ont dû s'arrêter devant ces obstacles.

Mais les organes les plus rapprochés de la base n'ont pu s'allonger autant que les autres, et cela faute d'espace ; le premier a dû même rester complétement stationnaire ; les autres se sont accrus en raison de leur éloignement. De là l'inégalité si bien graduée des organes fondamentaux.

Ces idées qui, de prime abord, peuvent répugner à l'esprit, sont ensuite confirmées par d'autres considérations plus décisives. Mais avant d'aller plus loin, il est indispensable de mieux définir la nature de ces organes nouveaux et les propriétés dont on doit les supposer pourvus.

VI

On peut se représenter les organes élémentaires de l'écorce comme des concrétions végétales s'organisant en forme de lames ou d'écailles *embrassantes*, à la surface du mamelon cellulaire qui constitue l'axe rudimentaire.

2

Chacune de ces concrétions est un individu complet et constitue même, avec la feuille qui en doit dériver, le véritable individu végétal de l'être complexe appelé plante.

L'axe n'est pour lui qu'un tissu préparateur, une sorte de terrain perfectionné, sur lequel il naît et végète.

A peine formé, il tend à s'accroître dans tous les sens, et cela non-seulement par un travail de dilatation intérieure ou de simple développement, commun à toutes les parties de l'organe et du végétal, mais encore par un mouvement relatif, spécial à certaines de ses parties, et d'ailleurs bien indépendant de celui de l'axe nourricier : c'est le véritable accroissement.

Mais cet accroissement n'a pas lieu de la même manière dans toutes les directions.

Par la partie supérieure, l'organe s'accroît librement et en dehors de l'axe. Subitement émancipé par cet acte énergique, il change en quelque sorte de nature et prend le nom de feuille.

Par les autres parties, c'est-à-dire par les côtés et par le bas, l'organe s'étend en rampant, pareil à ces lichens parasites qu'on voit s'élargir à la surface des troncs d'arbre. Les parties nouvelles résultant de cette extension restent adhérentes à la tige, dont elles contribuent à former le système cortical.

L'accroissement par le bas prend le nom de *décurrence :* il doit nous occuper plus spécialement en ce moment.

C'est à lui, nous l'avons dit, qu'est dû l'encastrement des pièces corticales, et par conséquent la formation des groupes.

VII

Si l'existence des éléments corticaux est démontrée par l'observation directe, il n'en est plus ainsi de leur décurrence. La décurrence est un mouvement; or, ce mouvement échappe à nos yeux, parce qu'il se produit dans l'infiniment petit du bourgeon, alors que les organes n'ont encore que des dimensions inappréciables.

Mais, à défaut d'observation directe, on peut se laisser guider par l'induction.

Or, la décurrence des éléments de l'écorce n'explique pas seulement l'encastrement de ces organes et l'inégalité de ceux qui touchent à la base, elle résout encore de la manière la plus satisfaisante le problème phyllotaxique tout entier, en donnant le secret des règles mystérieuses qui régissent le nombre et la disposition de ces organes, dans les différentes espèces de groupes.

En effet, en pénétrant ainsi les uns dans les autres par voie d'allongement, les organes élémentaires ne s'avancent pas au hasard : leur marche est rigoureusement tracée par des lois précises qui sont du domaine de la mécanique.

Eh bien, en les suivant par la pensée dans cette marche descendante, on reconstitue une à une toutes les dispositions dont la nature nous offre les exemples. On reconnaît de plus qu'il ne peut en exister d'autres que celles-là.

Il suffira d'une attention de quelques instants (en

s'aidant au besoin des figures) pour comprendre tout
le mécanisme de ces mouvements.

VIII

Tout d'abord, il faut admettre (ce qui est assez naturel) que les organes sont nés alternativement à l'opposé l'un de l'autre.

Il en résulte que l'axe de chacun d'eux se trouve en
regard de la rainure formée par les deux lèvres de
l'organe immédiatement inférieur.

Mais bientôt, par l'exercice de la décurrence, chaque organe s'insinue entre les lèvres de cet organe
inférieur. Seul, nous l'avons dit, le premier élément
ne peut s'allonger, parce qu'il est en contact avec la
base du rameau.

Ce premier allongement n'a qu'une étendue limitée.
Au bout de la rainure qui lui sert de chemin, l'organe
décurrent rencontre un obstacle. Cet obstacle est, pour
le second, la base du rameau, et pour chacun des autres, la tête de l'organe qui précède dans la même
série; cette tête opère comme la base du rameau elle-
même : elle est le point d'arrêt de la décurrence.

Par cet ordre, l'entre-nœuds, qui ne se composait
primitivement que d'un seul organe, en compte maintenant deux : un tronçon additionnel, descendu de
l'élément supérieur, est venu partager la place avec
l'organe né en ce point.

Le groupe distique ou de deux pièces corticales se
trouve ainsi constitué (fig. 1).

IX

Mais il peut arriver que la tête qui avait arrêté l'organe en voie d'élongation, devienne un obstacle insuffisant, et que cet organe, impuissant à vaincre la difficulté de front, cherche à la tourner, en passant soit à droite, soit à gauche.

Là, en effet, sont deux nouvelles jointures résultant de la juxtaposition des deux pièces du faisceau distique. L'organe décurrent peut, si les circonstances le secondent, continuer sa marche par l'une ou l'autre de ces deux routes.

Dans cet allongement nouveau, l'organe dévie évidemment de sa direction primitive. Cette déviation entraîne le déplacement de l'organe tout entier.

En s'éloignant ainsi de sa position première, l'organe provoque sur son côté un vide qui sollicite dans cette direction l'allongement de l'organe supérieur.

Celui-ci, se déplaçant à son tour, fait place à un nouvel organe, et ainsi de suite, à l'infini.

C'est évidemment le troisième organe du rameau (le premier de ceux en voie de décurrence) qui prend l'initiative, dans cet ébranlement général.

Le troisième organe tient donc tous les autres sous sa dépendance; et selon qu'en s'allongeant, il a pris la droite ou la gauche, tous les suivants doivent prendre l'une ou l'autre de ces directions. Son mouvement, transmis de proche en proche, gagne insensiblement jusqu'aux organes les plus élevés, et décide sans retour du sens de la spirale phyllotaxique.

La direction de la décurrence est de la sorte déterminée. Quant à son point d'arrêt, il est aisé de voir que le troisième élément atteindra la base du rameau, mais que le quatrième et après lui tous les autres rencontreront en route des têtes d'organes qui mettront un terme à leur élongation. Le quatrième s'arrêtera sur le premier, le cinquième sur le deuxième, le sixième sur le troisième, etc. (voir la fig. 2).

Chaque entre-nœuds se sera ainsi accru d'un nouveau tronçon. Le groupe tristique ou de trois éléments se trouvera réalisé.

<h1 style="text-align:center">X</h1>

Pour arriver du groupe de 3 à celui de 5, il n'y a qu'un pas à faire.

Il suffit de supposer que l'organe décurrent a pu surmonter encore une fois l'obstacle rencontré sur sa route.

Tout à l'heure le quatrième organe s'était arrêté sur la tête du premier. Cette fois, il réussit à contourner cette nouvelle tête, et poursuit sa marche dans les joints des organes inférieurs.

Quelle sera la direction de cette décurrence nouvelle?

Si naguère l'organe avait l'embarras du choix entre deux jointures équidistantes, il n'en est plus ainsi maintenant, car les choses sont loin d'être disposées de la même manière.

D'abord, il est évident que pendant l'élongation tristique, le tronçon décurrent a été, dans le début surtout, plus étroit que celui dont il dérivait, et aussi que la tête d'organe sur laquelle il allait se reposer.

D'autre part, comme conséquence de sa provenance même et par l'effet de sa déviation, le tronçon provenu de la gauche (par exemple) s'est tenu exclusivement serré de ce même côté.

Le jeune tronçon est donc plus rapproché de la jointure gauche que de l'autre ; et s'il s'allonge de nouveau, c'est dans la première qu'il devra s'introduire. Il en sera évidemment ainsi de tous les organes sans exception.

Or, il est visible qu'en prenant la jointure gauche, le quatrième organe et après lui le cinquième atteindront la base du rameau, tandis que le sixième s'arrêtera sur la tête du premier, le septième sur la tête du huitième, et ainsi de suite (voir la fig. 3).

Nous obtenons de la sorte, en chaque entre-nœuds, un groupe de cinq pièces : le chiffre intermédiaire 4 était évidemment irréalisable.

De plus, la disposition relative de ces pièces est telle que leurs extrémités ou les feuilles décrivent autour de l'axe une spire qui en fait deux fois le tour.

Telle est précisément la disposition du cycle quinconcial existant dans la nature.

XI

Tous les autres groupes s'obtiennent par la continuation de ce mécanisme. Il suffit de supposer que les organes ont eu assez de puissance pour triompher des obstacles qui les avaient arrêtés jusqu'alors, et se sont par suite allongés dans une mesure de plus en plus considérable.

Le sixième organe s'était arrêté sur la tête du premier. Il réussit maintenant à franchir cet obstacle, et s'insinue entre les éléments 1 et 3 (car c'est de ce côté qu'il se trouve porté comme conséquence de sa nouvelle déviation).

Le septième en fait autant vis à vis du deuxième et du quatrième; et il en est bientôt ainsi de tous les autres. Mais tous n'arrivent pas à la base du rameau : le sixième, le septième et le huitième ont seuls ce privilége; les autres sont arrêtés en chemin par de nouvelles têtes d'éléments, mais de telle façon que chaque entre-nœuds se soit augmenté de trois nouveaux tronçons (fig 4).

Le nombre des pièces corticales est ainsi porté de 5 à 8; de là le groupe octogone. Les chiffres intermédiaires 6 et 7 n'auraient pu se maintenir.

Dans ce nouveau groupe, les divers tronçons de l'entre-nœuds, considérés dans l'ordre de leur âge, reviennent de trois en trois; leurs extrémités décrivent donc une spire qui fait trois fois le tour de la tige.

Tel est précisément le résultat auquel nous devions arriver pour nous trouver d'accord avec les faits.

XII

Si nous supposons que les organes parviennent à descendre d'un nouveau cran, nous verrons se réaliser un groupe de 13 pièces : un mécanisme fatal le veut ainsi; et après le nombre 13 viendra le chiffre 21. puis le chiffre 34, etc.

Ces chiffres, auxquels nous arrivons par la théorie, sont ceux-là mêmes que la nature réalise, et la disposition relative des pièces est aussi la même des deux côtés.

XIII

Tous les groupes sont ainsi reconstitués. Ces combinaisons si diverses et si étranges ne sont pourtant que des transformations successives d'une seule et même disposition, la plus simple de toutes, l'*alternance distique*. Les organes sont nés *isolément, à l'opposé l'un de l'autre :* une élongation plus ou moins soutenue les a fait plus tard *s'encastrer* et *se déplacer* d'une manière progressive. De là sont provenus les divers modes d'agencement que la nature met sous nos yeux.

Il peut arriver cependant que deux organes ou un plus grand nombre naissent *simultanément à la même hauteur*.

C'est l'origine des plantes décussées et verticillées.

Le mécanisme de ces groupes ne diffère en rien de celui des groupes dérivés de la simple unité. Les organes de deux verticilles successifs alternent entre eux, à leur naissance, conformément à la loi générale. En s'allongeant, ils viennent s'encastrer dans ceux du verticille inférieur.

Cet allongement correspond à celui qui donne lieu au groupe distique, dans les plantes alternes; et dès lors ces nouveaux groupes ne doivent être considérés que comme des groupes distiques, multipliés en quelque sorte : le nom de *polydistiques* leur convient à merveille.

Les plantes décussées et verticillées se rattachent ainsi à la grande série phyllotaxique, et ne constituent pas une exception au sein du règne végétal.

Seulement, tandis que du groupe distique alterne dérivent plusieurs autres combinaisons plus complexes, les plantes géminées ne dépassent jamais les limites d'un premier degré d'allongement : le groupe tristique et les autres n'ont pas d'équivalents chez elles. (Voir pourtant les rosettes radicales de la sauge verveine, de la scabieuse colombaire, de la cardère sauvage.)

XIV

La plante peut, sans aucune peine, passer de la décussation à l'alternance proprement dite. Il suffit qu'à un moment donné la tige, qui produisait deux organes à son entre-nœuds, n'en produise plus qu'un· De ce nouveau point de départ doivent découler une à une toutes les combinaisons multiples dont l'étude précède.

Quant au passage d'un groupe alterne à un autre de la même série, plus élevé ou moindre, il est plus simple encore, puisqu'il n'y a là qu'une question d'allongement plus ou moins considérable.

Une circonstance digne de remarque est celle-ci : une fois le groupe tristique réalisé, les autres modes s'appellent, pour ainsi dire, l'un l'autre, par un jeu de ressort savamment combiné.

En effet, l'allongement tristique suppose une déviation, et par suite une pression unilatérale du jeune

tronçon, qui tend à se porter dans la ligne de celui
dont il émane.

Cette pression persiste jusqu'à ce que l'organe soit
complétement déplacé ; et il n'en est ainsi que lorsque
le jeune tronçon a acquis la largeur de celui dont il
entraîne le déplacement.

Or, avant que les choses soient telles, l'effort exercé
par ce jeune tronçon, sur l'organe qui lui sert latéra-
lement d'appui, entr'ouvre la jointure sous-jacente,
et précipite le tronçon dans une décurrence nouvelle.

Pareille manœuvre s'accomplit ensuite plus bas,
en sens inverse, et puis plus bas encore.

L'organe décurrent exécute de la sorte une série
d'oscillations qui le font s'allonger de plus en plus.
L'élongation tristique l'a détourné du droit chemin ; à
la suite de ce premier écart, il ne réussit jamais à
tomber d'aplomb sur une tête d'organe.

Pour que l'arrêt soit possible, il faut que le tronçon
décurrent renonce à égaler le tronçon supérieur, et
reste dans l'état représenté par les figures 2, 3 et 4.

Or, il vient toujours un moment où ce résultat se
réalise, soit parce que l'organe est épuisé par ses diverses élongations, soit parce que l'augmentation des
pièces du faisceau devient la cause d'une gêne mu-
tuelle qui nuit à leur extension latérale, soit enfin
parce que l'imbrication met un terme à cette extension.

XV

Si ces données théoriques sont exactes, un groupe
n'est stable et définitivement constitué qu'à la condi-

tion, pour ses organes, de rester plus étroits dans leurs
tronçons inférieurs, ce qui se traduit chez eux par une
échancrure unilatérale.

Et, dès lors, les tronçons supérieurs restent un peu
en arrière, dans le mouvement de translation qui s'o-
père chez les organes : ils débordent, de toute la pro-
fondeur de l'échancrure, du côté opposé à celui où les
entraîne l'allongement.

De là résulte une véritable *inclinaison* des organes
sériaux. Deux organes placés bout à bout ne retom-
bent pas exactement l'un sur l'autre : l'organe supérieur penche légèrement sur le côté.

Les feuilles sériales doivent tout naturellement par-
ticiper à l'inclinaison des organes qui les portent ; et
il suffit de jeter les yeux sur les figures, pour voir
que la dernière feuille du cycle se trouvera en avance
dans le groupe de 3 ; en retard dans le groupe de 5 ;
encore en avance dans celui de 8 ; et ainsi de suite
alternativement.

Ces conséquences théoriques sont confirmées de la
manière la plus précise par l'observation des faits.
Voir notamment l'aune (groupe de 3), le jasmin cytise,
le peuplier, le chêne, la grande marguerite, le pêcher,
l'aubépine, etc. (groupe de 5) ; l'osyris alba (groupe
de 8), le lis orangé (groupe de 13), etc.

Mais cette inclinaison ne peut avoir lieu qu'à partir
du groupe tristique, puisqu'alors seulement se produit la déviation qui est la cause première du phénomène.

Dans le groupe monodistique (ou distique alterne),
de même que dans les groupes polydistiques (décussés
et verticillés), la décurrence s'est produite suivant

l'axe même des organes, et sans aucun déplacement : toute inclinaison est alors impossible.

Les faits donnent encore raison à ces prévisions de la théorie. Voyez l'orme, le tilleul, la fève, le lilas, le buis, la verveine et toutes les labiées.

Si parfois ces règles paraissent se trouver en défaut, l'exception apparente tient à une torsion accidentelle ou normale de la tige, comme il est souvent facile de s'en assurer par l'inspection des sutures ou autres signes extérieurs.

XVI

Telles sont en résumé les causes des phénomènes phyllotaxiques, en ce qui concerne les feuilles caulinaires, les seules dont il doive être ici question. La fleur est le théâtre de phénomènes spéciaux, plus difficiles à expliquer, bien qu'on puisse en entrevoir déjà la cause.

XVII

Nous n'avons parlé jusqu'ici que de l'accroissement par en bas ou de la *décurrence*. Or, les organes élémentaires s'étendent aussi par les côtés. Ce second mode d'extension doit maintenant nous occuper à son tour : il constitue l'*extension latérale* ou l'*élargissement*.

A la suite des élongations qui ont produit le groupe, les divers tronçons constitutifs sont simplement juxtaposés bord à bord.

Pressés les uns contre les autres, ils n'en continuent pas moins à s'élargir dans une certaine mesure,
grâce au grossissement continu de l'axe intérieur.

Mais bientôt ce grossissement interne ne peut suf-
fire à leur tendance extensive, et ils cherchent à sa-
tisfaire cette tendance, en se surmontant les uns les
autres.

De là résulte l'imbrication.

Règle générale : entre deux organes adjacents, c'est
toujours le plus ancien, c'est-à-dire le plus fort, qui
parvient à dominer son antagoniste.

Cette règle de bon sens se trouve pleinement confir-
mée par l'observation des faits (voir le jasmin cytise,
le peuplier de la Caroline, le buis, etc.).

Or, vu l'alternance des pièces, deux tronçons conti-
gus sont toujours d'âges différents. D'où il suit que
l'imbrication est toujours possible ; et il n'y a pas
d'exemple où elle fasse entièrement défaut.

Seulement, elle est à peine marquée dans certaines
plantes (buis, ansérine, jasmin cytise, réséda à grand
calice), tandis que, chez d'autres, elle dépasse les limites d'une simple imbrication, à ce point que l'organe
le plus ancien de l'entre-nœuds parvient à recouvrir
tous les autres (figuier, magnolia, ombellifères, poly-
gonées).

Entre ces cas extrêmes, on trouve tous les degrés
intermédiaires (pêcher, ronce, peuplier de la Caroline,
violette tricolore, groseillier).

Quoi qu'il en soit, l'imbrication ne peut changer en
rien les phénomènes phyllotaxiques résultant de la décurrence. Elle est postérieure à la décurrence ; et dès
lors, bien que les organes élémentaires ne soient plus
visibles dans leur entier, les feuilles n'en conservent

pas moins leurs dispositions relatives, y compris leur légère inclinaison sériale.

L'imbrication remédie aux dangers de la multiplicité des pièces corticales : elle a pour résultat de réunir par une soudure énergique toutes ces pièces incohérentes, et d'en faire une enveloppe véritablement continue.

XVIII

Les organes élémentaires ont une *forme propre*.

De cette forme dépend celle de la tige.

Si donc la tige présente une section triangulaire, carrée, pentagonale, octogonale, cela tient à ce que son enveloppe extérieure est composée de 3, 4, 5, 8 éléments.

En effet, les organes corticaux affectent assez souvent la *forme plane*, et leur assemblage constitue un prisme, dont ces organes sont les faces (voyez la grappe florale du balisier, le buis de Mahon, le jasmin cytise, le réséda à grand calice, la spéculaire ou miroir de Vénus, la spirée argentée, etc.).

Règle : le nombre des facettes de la tige est égal à celui des organes constitutifs du faisceau cortical.

Les organes sont quelquefois de *forme angulaire;* mais, dans ce cas, ils sont fortement imbriqués, et deux facettes n'en font qu'une. D'où il suit que le nombre des facettes reste égal à celui des éléments (grande marguerite, peuplier de la Caroline, centaurée noirâtre, ronce, silphium).

Exceptionnellement, le nombre des facettes est

double de celui des pièces corticales, quand ces pièces
de forme angulaire sont pourtant à peine imbriquées.
Ce cas ne se réalise que dans le groupe monodistique.
Exemple : la fève.

Souvent aussi, les organes se présentent sous la
forme courbe. La tige est alors cylindrique (orme, pervenche, rosier, figuier, magnolia).

Dans ces cas divers, l'élément est resté ce qu'il est
par sa nature, c'est-à-dire un organe mince et aplati, à
l'imitation de l'écaille.

Mais une turgescence dorsale peut en changer complétement l'aspect extérieur. La tige se présente alors
avec des boursouflures ou des *gibbosités*, dont le nombre reste, comme toujours, égal à celui des éléments.
C'est ce qu'on voit se réaliser dans la stapélie et dans
la plupart des cactées.

Parmi ces formes nombreuses, une seule parait être
typique.

L'organe a été courbe dans son début, comme la tige
sur laquelle il a pris naissance ; mais à peine formé,
il a tendu à se composer une tournure propre, *qui est
la forme plane.*

Les autres formes peuvent n'être considérées que
comme des modifications de celle-là.

Les causes qui paraissent avoir entraîné ces transformations sont, indépendamment d'une turgescence
anormale : 1° *l'influence de l'axe;* 2° *l'imbrication.*

1° L'axe est naturellement arrondi, et sa pression
incessante, résultant de son grossissement, tend à
faire disparaître les inégalités de l'enveloppe. Aussi
voit-on beaucoup de tiges, surtout parmi les plantes
vivaces et ligneuses, perdre tôt ou tard la forme polygonale de leur jeune âge.

L'imbrication agit en forçant les éléments plans à plier sous leurs étreintes réciproques.

La forme plane était évidemment incompatible avec une imbrication prononcée.

Et ce qui prouve que les autres formes ne sont pas *autonomiques* et résultent de l'imbrication, c'est l'observation suivante :

Toutes les fois que les éléments sont restés presque inimbriqués, ils se montrent sous la forme plane (buis de Mahon, jasmin cytise, genêt à balai, réséda à grand calice, ansérine, miroir de Vénus, polygala commun, etc. — Exception forcée dans les plantes monodistiques : orme, fève).

Or, comme toute plante a été inimbriquée dans le principe, il est à présumer que tous les éléments étaient plans avant l'imbrication, et seraient restés tels sans cette imbrication.

Mais les effets de l'imbrication varient avec les circonstances.

Tantôt l'inflexion, se produisant sur tous les points à la fois, émousse les angles saillants et donne lieu à la *section circulaire* (rosier, magnolia, ombellifères, figuier).

Tantôt l'organe dominateur, impuissant à plier son antagoniste, s'infléchit seul par un coude subit, au point de jonction, et s'étend sous la forme d'une pellicule, d'ordinaire fort mince et souvent même presque invisible. La forme première de la tige n'est alors aucunement modifiée (souchet, verveine officinale, labiées).

Tantôt enfin, les organes, cédant les uns et les autres aux exigences de leurs empiétements réciproques, plient brusquement autour de leur nervure médiane comme autour d'une charnière ; et chacun d'eux se trouve partagé en deux moitiés planes, qui s'imbriquent avec d'autres moitiés. C'est l'origine de la *forme angulaire*, dont la grande marguerite, le peuplier de la Caroline, la ronce, la centaurée noirâtre, la stellaire holostée, le silphium, sont les principaux représentants.

La tige n'en reste pas moins polygonale; mais les angles ont changé de place : ils correspondaient naguère aux points de jonction des organes, ils en occupent maintenant le milieu.

XIX

La principale mission de l'organe élémentaire est la production de *la feuille*.

La feuille est une émanation du système cortical ou externe. Si l'écorce eût formé un tissu continu, la feuille n'aurait pu prendre naissance.

Le fractionnement de l'écorce en pièces multiples a rompu cette uniformité dangereuse. Chacune de ces pièces est devenue un être indépendant, qui s'accroît à part par l'exercice de son activité individuelle.

La feuille ne naît point directement de la tige, mais d'un organe particulier, appliqué sur la tige et faisant partie du système cortical.

Ou bien encore, la feuille, née en réalité bien en dessous de son point d'émergence, est restée adhérente à la tige, sur partie de son parcours.

Ce principe s'induit de l'observation d'un grand nombre de faits.

Dans plusieurs végétaux, la continuité de l'écorce

avec la feuille est si évidente, qu'on ne peut la révoquer en doute un seul instant.

On peut citer le buis, l'orchis à deux feuilles, le lis orangé, la giroflée jaune, la plupart des graminées prises dans leur jeune âge, et surtout le jonc.

Dans ce dernier exemple, la feuille, en s'échappant du tissu cortical, ne prend même pas la peine de changer de direction; et la ressemblance des caractères est telle de part et d'autre, qu'il est souvent impossible de dire où finit la tige et où commence la feuille.

Les plantes ailées, comme l'onoporde et les chardons, sont encore d'excellents exemples à consulter.

Mais si la feuille naît du tissu extérieur, elle ne tarde pas à contracter avec l'axe des liens beaucoup plus directs.

Elle se greffe en quelque sorte sur cet axe, au point même où elle est devenue libre, et vit bientôt d'une vie indépendante de celle de l'organe qui lui a donné le jour.

La succion qu'elle opère en ce point provoque dans l'intérieur de la tige un courant continu de sucs nourriciers, et par cela même la formation de faisceaux fibro-vasculaires.

Loin donc que les faisceaux de la tige aient donné naissance à la feuille, c'est à celle-ci qu'ils doivent eux-mêmes leur formation.

Trois circonstances principales confirment cette manière de voir :

1° Ces faisceaux, très-développés au contact de la feuille, vont ensuite en décroissant vers le bas.

2° Quand les appendices mesurent une certaine largeur, les faisceaux des diverses feuilles s'entrecroisent et s'enchevêtrent à l'intérieur : fait qui s'explique avec peine dans l'hypothèse de faisceaux ascendants producteurs de la feuille ; tandis que, dans le nouveau système, il suffit de supposer l'élargissement des organes préfoliaires, par l'effet de l'imbrication.

3° Enfin, les feuilles sont déjà nées le plus souvent, alors que l'axe est encore entièrement cellulaire.

De cette dernière observation il résulte clairement que les feuilles préexistent aux faisceaux, et qu'ainsi il a été un temps où elles n'avaient aucune communication spéciale et directe avec le tissu intérieur.

Au contraire, les rapports de la feuille avec la bande corticale sous-jacente peuvent s'observer dès les premiers temps ; ils sont même d'autant plus parfaits que la plante est considérée dans un âge moins avancé.

Pourtant, il est des cas où cette continuité parait se trouver en défaut, car souvent la feuille se distingue de très-bonne heure de l'organe qui la précède, par la forme, la couleur ou les dimensions.

Ces différences ne doivent aucunement nous surprendre : elles s'expliquent par cette considération que la feuille, organe aérien et libre, se trouve placée dans des conditions toutes différentes de celles du corps adhérent dont elle émane ; et par cette autre que la feuille, greffée directement sur l'axe, vit désormais d'une vie indépendante.

XX

Le phénomène le plus important qui signale l'émancipation foliacée de l'organe élémentaire est son épanouissement en forme de limbe.

Mais ce phénomène n'est point particulier à l'appendice : l'organe préfoliaire peut, lui aussi, émettre un limbe : ce limbe prend le nom d'*aile*.

Les appendices ailés étaient jusqu'à présent difficilement explicables : la présence sur la tige d'un organe particulier, analogue à la feuille et précédant la feuille, en rend compte de la manière la plus satisfaisante.

L'aile est à l'organe préfoliaire ce que le limbe est à la côte principale de l'appendice.

Les bords de l'organe s'accroissent en rampant et produisent ainsi l'imbrication. Mais après s'être ainsi accrus, ils peuvent encore projeter une expansion ailée, analogue à celle de la feuille.

Cette expansion n'est évidemment possible que sur les bords libres de l'organe, c'est-à-dire sur ceux que l'imbrication n'a pas recouverts. De là, pour un même organe, des alternatives nombreuses que la théorie prévoit et que l'observation confirme.

XXI

La feuille, ou tout au moins son coussinet, est d'autant plus large que l'extension de l'organe préfoliaire a été plus considérable.

Mais il peut arriver que cet organe, au lieu de se continuer en feuille unique, se divise en trois parties distinctes. La médiane constitue la feuille proprement dite : les autres, moins vigoureuses, ne sont que des *stipules*.

Il est des stipules qui se rattachent à la feuille par des liens bien visibles.

Mais il en est d'autres qui, par leur forme et leur largeur exagérée, se séparent manifestement d'avec la feuille et ne laissent voir aucun rapport avec cet organe. Ces stipules deviennent un véritable embarras pour le botaniste (voir notamment celles de la violette tricolore, des figuiers, du ricin, du magnolia).

Inutile de supposer un lien direct entre la feuille et la stipule : elles proviennent l'une et l'autre d'un tiers-organe, assez large pour les supporter toutes deux ; et cet organe n'est autre qu'un élément de l'écorce démesurément élargi par une imbrication embrassante.

La partie centrale et primordiale de l'élément a donné lieu à la feuille : les parties latérales, tardivement formées, et d'ailleurs affaiblies par le fait même de leur imbrication, n'ont produit que des stipules. Telle est, du moins, l'explication la plus générale ; exemple : la violette tricolore.

XXII

Quand, après une décurrence plus ou moins prolongée, l'imbrication, s'exerçant à son tour, a confondu en une gaîne continue ces pièces naguère indépendantes, l'axe intérieur ainsi emprisonné éprouve, dans son expansion, une gêne croissante, qui le porte à réagir contre ses parois.

Mais toutes les jointures longitudinales sont closes par le fait de l'imbrication, et, de ce côté, la substance interne ne peut épancher son trop-plein.

Il n'en est pas de même aux points où les organes

se joignent bout à bout. L'imbrication ne peut évidemment s'y effectuer, car l'organe inférieur, le seul des deux qui, en qualité du plus ancien, eût pu dominer son antagoniste, a vu son accroissement tourner en feuille, c'est-à-dire se produire librement à l'extérieur.

Le point de jonction de deux organes sériaux est donc le seul de l'enveloppe où l'imbrication fasse défaut, et en ce point (c'est-à-dire immédiatement au-dessus de la feuille), il existe toujours une petite fissure transversale, qui, sous l'effort croissant de la substance interne, permet à cette substance de jaillir au dehors, sous la forme d'un mamelon cellulaire.

Ce mamelon cellulaire va bientôt, comme l'axe principal dont il dérive, se recouvrir d'une suite d'organes corticaux et de feuilles, et constituer un *bourgeon*.

Telle est l'origine du bourgeon régulier ; telle est la cause de sa formation constante dans l'angle ou l'aisselle de la feuille.

Les organes corticaux jouent en cela le rôle de modérateurs, car ils contiennent la substance gemmale toujours prête à s'épancher, et ne lui permettent que des sorties intermittentes, qui empêchent le végétal de s'épuiser par des multiplications trop fréquentes.

Ils guident, en outre, la marche de la tige principale, en la faisant s'accroître dans une direction unique. En effet, la tige, resserrée à chaque instant par les organes qui se forment autour d'elle, reporte tout son accroissement dans sa partie terminale toujours libre et ouverte.

C'est ainsi que le végétal, au lieu de s'arrondir en

masse informe, s'accroît en colonne svelte et élégante, pendant qu'il laisse, de loin en loin, sur ses côtés, toute une réserve de germes secondaires, destinés à s'organiser en rameaux ou en fleurs.

ENVELOPPE CORTICALE SUPPOSÉE OUVERTE LONGITUDINALEMENT.

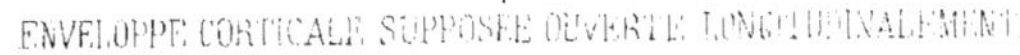

Fig. 1
Fig. 2
Fig. 3

* 9 7 8 2 3 2 9 6 5 5 5 5 0 *